모텔 샤롯데

모텔 샤롯데

초판 1쇄 인쇄 | 2024년 5월 3일
초판 1쇄 발행 | 2024년 5월 7일

지 은 이 | 양달준
펴 낸 이 | 박세희

펴 낸 곳 | (주) 도서출판 등대지기
등록번호 | 제2013-000075호
등록일자 | 2013년 11월 27일

주 소 | (153-768) 서울시 가산디지털2로 98,
     2동 1110호(가산동 롯데IT캐슬)
대표전화 | (02)853-2010
팩 스 | (02)857-9036
이 메 일 | sehee0505@hanmail.net

편집 디자인 | 박세원

ISBN 979-11-6066-106-4
ⓒ 양달준 2024, Printed in Seoul, Korea
   값 12,000원

• 잘못된 책은 바꾸어 드립니다.

모델 사풋레

양달준 시집

등대지기

| 시인의 말 |

늦었지만 다행이다.
시에서 밥이 나오고 떡이 나오냐고
잔소리를 들으며 써왔던 시들이 세상으로 나간다.
이십 년 가까이 버려둔 시들에게 미안한 마음 전하며
어디를 가든 시의 따스함을 보여 주길 바란다.

2024년 봄
양달준

|차례|

시인의 말 · 05

제1부

눈길 · 13
등대가 있던 자리 · 14
안개 · 16
집으로 가는 길 · 18
모래내 · 19
개살구 그 푸른 말씀 · 20
범종 · 22
폭탄 세일 · 23
꽃송이 광어 · 24
극락강역 · 26
백수의 이력서 · 28
가을 역 근처 폐가 · 29
똥 · 30
낙타 · 31
달팽이 · 32
심원마을 · 33
수인선 철길 시흥 구간 · 34
재즈바 여인 · 36
아내의 자전거 · 37
감나무밭 일기 · 38

제2부

벚꽃 오후 · 41
감나무 하네 그리고 나 · 42
칠월 · 44
옛사랑 · 45
간고등어 · 46
다리미씨 세탁소 · 47
께냐 · 48
어떤 평화 · 50
올챙이 같은 누나 · 51
소화동에서 · 52
대설특보 · 54
벌레와 황도 · 55
탈출을 꿈꾸다 · 56
나무 관찰학 · 58
외짝 구두 · 59
청상과부 · 60
유목의 마을 · 62
모텔 샤롯데 · 63
숏타임 · 64
그리운 실패여 · 66

제3부

저녁의 별 · 69
바람 부는 날은 배를 타러 간다 · 70
설악산 단풍 · 72
소록도와 녹동항 사이 · 73
고래가 보고 싶다 · 74
슬픈 악사 · 75
애월에서 · 76
만 원짜리 푸른 잎 · 77
미시령 · 78
첫눈 · 79
폭설 · 80
즐거운 저울질 · 81
수수꽃 인생들 · 82
낮달 · 84
동백지다 · 85
다시 봄 · 86
두 손 모아 · 87
봄밤 · 88
비 오는 날엔 네가 그립다 · 89
바닷가 봉분 또는 폐선 · 90

제4부

담쟁이 · 95
1983년 가리봉 · 96
소주병 · 98
민들레 · 99
엽서 · 100
억새꽃 · 101
사춘기 바로 잡기 · 102
아가꽃 봉분 · 103
운주사 와불 · 104
낙화 · 105
하바나 블루스 · 106
구로공단 굴뚝 · 107
봄비 · 108
목련 · 109
1980년 · 110
꽃답게 시들거라 · 111
농부가 쓴 시 · 112
즐거운 식사 · 113
하관 · 114
늦가을 · 115

해설 · 117

제1부

눈길

간밤에 첫눈이 내려
온 산이 하얗다
여느 때처럼 등산화를 단단히 신고
아무도 걷지 않은 눈길을 한참을 걷다
뒤돌아보니
삐뚤어진 발자국
도장처럼 찍혔다

아,
이적지 모르고 걸어왔던
시커먼 발자국
눈이 내리지 않았다면
어디까지 걸어갈 참이었을까

등대가 있던 자리

 횃불을 들고 찔기미를 잡으러 뻘밭을 쑤시고 다니셨던 아버지는
 어느 날 큰끝에 절벽으로 가 횃불을 잡고 계셨다

 목선을 타고 먼 바다에 나간 형은 그 불을 보며 수월하게 배를 몰았다
 바닷물이 빠진 저녁이면 나와 누나는 횃불 아래 뻘밭에서 찔기미를 잡았다
 바케스에 찔기미가 거품을 물며 넘치는 날은 큰끝에를 쳐다보며
 아버지 보세요 이렇게 많이 잡았어요 하면
 횃불은 알았다는 신호로 끄덕끄덕 불빛을 아래위로 비추었다

 횃불은 시커메지고 성한대가 없었다
 불빛도 희미해지더니 아예 꺼져버렸다

 아버지의 불빛을 보며 뱃머리를 바로 잡았던 마을 사람들은
 더 큰 횃불을

바다에 떠있는 바위에다 세웠으며
햇불이 있던 자리에는
아버지의 봉분이 생겼다

봉분이 있는 자리,
원래는 아버지가 바다를 바라보며
서있던 자리다

안개

새벽은 늘 선잠이다
비빈 눈을 크게 뜬 사내
1톤 트럭 핸들을 잡고 도로를 달린다
가시거리가 짧은 길은 위험이 안전하지 않다
계기판이 좁아진 시야를 감지하고 비상등을 깜박이자
도로 표지판이 적색 경고를 알린다
급하게 휘어진 커브에서 길을 놓친 사내
안개가 점령한 도로는 절벽이다
그가 걸어온 날들은 늘 그랬다
단속반의 호루라기 소리에 노점을 철수할 때도
그의 앞길에 빨간불이 켜지고 방향을 잡지 못했다
새벽 청과 시장,
잠시 쟁여 있는 상자들
거주자가 수시로 바뀌는 임대 아파트 같다
저 상자들은 어디로 가 터를 잡을까
바늘구멍 같은 도시에 자리를 잡고
과일 박스를 앉혀야
생계를 유지할 수 있는 사내
익숙한 고민도 잠시

짐이 실리고 끙끙대는 바퀴
하루치의 무게를 짊어진 그가
안개의 성벽을 네비게이션에 찍는다
부릉부릉

집으로 가는 길

사막은 고단하지만 다녀오는 길은 아름답지

지는 해가 짜놓은 석양은 빛깔 고운 와인
사막 능선에서 낙타와 베두인은 포도주 한 잔에
젖어 숨을 고른다

불모지의 사막 능선은 미술관

석양 낙타 사람이 조합하여 그려진 한 폭의 그림
틀은 고흐도 고갱도 붓질을 못한
지상에서 가장 솔직한 그림이지

하루를 횡단하고 돌아오는 언덕에서
지는 해가 부어놓은 다홍빛에 노고를 푸는
낙타와 베두인

모래밭은 거칠어도 집으로 가는 길은
가볍고 보드랍지
동물이나 사람이나
다 마찬가지지

모래내

무작정 걷다 정 부치며 살았던 여기까지 왔네
가좌역에 잠시 서 있는 열차를 보며
사천교에 서서 젖어드네
이동네 사람들은 사는 일이 버거워서
저녁의 별들이 반짝여도 고개 젖히고 볼 일도 없었네
그래도 살아보자며 개천가 모래밭에 터를 잡아
무허가 단속반에 차이고 치였던 빽없는 인생들
하룻밤 자고 나면 한 삽이 사라지고
또 한 삽이 사라지고 누가 퍼다 버렸는지,
다들 어디로 가 사는지 가슴 저미어
쓴 쇠주 한 잔에 그 많은 날을 곱씹었던
닭내장 그 식당에서
남루했던 옛날을 짚어보는데
아득하여 아득하여 잊혀진 이들이여
해 뜨면 벌기 위해 반짝이며 시멘트 반죽에 섞여
기초를 다졌던 모래 알갱이들이여
밥은 자시고 사는가
자,
한 잔 하시게

개살구 그 푸른 말씀

1

좌판에 팔다 남은 살구 한 알을 쪼개본다 아픈 기억이 씨처럼 붉어진다 아부지가 생전에 심어 놓았던 살구나무는 해마다 꽃보다 먼저 가난을 마당에 터트렸다 봄이면 빚쟁이들이 찾아와 살구나무를 쳐다보며 화풀이를 하다 우리 집 문패를 개살구집으로 바꿔놓기도 했다 가장이었던 형은 살구나무 그늘에서 청춘을 타작했다 이 꼴 저 꼴을 살구나무에서 본 어머니는 살구꽃 대신 종이꽃 휘날리며 먼 길을 떠나셨는데 그럼에도 나는 열매를 달고 서 있는 살구나무를 보며 풋살구가 익어가는 빛깔로 철들었다

2

  어느 해부턴가 살구나무는 허리를 지탱하기 힘들어 보였다 그런데도 때마다 열매를 맺어 장년인 나에게 내주었다 나는 살구를 팔아 입에 풀칠을 하는데 사람들은 입맛만 다시다 빛 좋은 개살구 그 듣기 싫었던 말을 뱉어 놓고 간다

  그러나 살구는 신맛으로 꾸짖던 내 엄니의 푸른 말씀 내 아버지의 거룩한 유산이었기에 감추고 싶지 않아 쪼갠 살구를 입에 대어 본다 가득 고이는 신맛 과일 장수 나에게 유일한 이문은 개살구 그 푸른 말씀이시다

범종

저물녘 절간에서 퍼지는 소리

아프다
둥글다

아픔이 둥글어 더 멀리 굴러가는 소리

재 너머 농가로 팔려 간
어린 송아지를 못 잊어 우는
어미 소

외양간
그 울음이다

폭탄 세일

재래시장 옷가게 스피커에서 단 하루
왕창 무너진다는 다급한 소리가 들린다
저 숨넘어가는 소리에 울어야 하나 웃어야 하나
장바구니 들고나온 아줌마들이 술렁인다
주인은 가게 바닥에 폭탄을 수북이 쌓아놓고
속보를 전하느라 입에 거품을 문다
마이크를 통해 폭탄이 팡팡 터진다
위력이 어마어마하다
쳐다볼 수도 없던 벽이 여지없이 무너진다
폭삭 주저앉은 잔해더미에서
여자들이 뒤엉킨다
널브러진 파편을 뒤집고 파헤치는 닭발들
통통 튕기는 손으로 원피스 한 벌 뽑아
거울 앞에서 모델처럼 뽐내는 얼굴에 윤기는 없지만
미소가 주르르 흐른다
살아간다는 것
폭탄이라도 가끔 떨어졌으면 좋겠다
팡팡 터질수록
즐거운 폭탄

꽃송이 광어

산소를 공급받은 수족관
공기 방울 들이키며 납작 엎드러 있는 광어
바다로 가고 싶을 거다

서울 병원 침대에 산소 호흡기를 달고 누워 있던
물고기 한 마리
싱싱한 지느러미로 물질을 하며 생계를 유지했던
남쪽 바다로 가고 싶어 몸부림쳤다

저 활어,
칠성판 같은 나무 도마 위에 올려지면
숨을 거뒀다는 것인데
도마 위에 하얀 뱃가죽이
흰 천으로 덮어 놓은 어떤 죽음 같아
저걸 먹어야 하나 고민하던 사이
시퍼런 회칼이 보기 좋게 꽃송이를 만들어
다시 태어났다

그해
환하게 마당에 핀 살구꽃
바다로 가고 싶어 했던 한 마리 물고기였다

극락강역

극락강역* 낮은 지붕에도 지는 해가 넘어간다
석양이 허리를 풀어 극락강에 비단을 깔아 놓으면
누가 저물었다는 징조
꽃다운 승객이었다지
운구 행렬을 길게 달고 도착한 열차를 두고
역은,
극락으로 가는 극락강 문을 열었다지
역무원의 거수경례를 받으며
강으로 떠나는 오동나무 상자를 지켜보았다지
하지만 호기심을 유발시키는 역답게
유서 없이 강으로 들어간 이들에 흔적은
무성한 억측뿐이어서 더 비밀스런 역
그러나 극락으로 가는 길은 아무나 탑승할 수 없다는 것을
기관지가 헐어 가쁘게 강을 건너고 있는
저 늙은 열차는 알고 있는가
안부로 부치는 기적 소리에
지는 해가 답장으로 물들었는데
극락으로 가는 길목에서 떠나지 못한
저문 잎 하나가 나부끼는

극락강 역
수심에 찬 강의 문을
잡아당긴다

* 극락강역: 광주 광산구 신가동에 있는 역

백수의 이력서

거실 구석진 자리에 수석 한 점 바다에 떠 있는 섬 같다 저 돌을 보면 위층에 사는 백수 생각이 난다 등대도 뱃고동도 갈매기도 없는 척박한 섬 나한테도 있다며 담배 연기로 뱉던 그는 부쩍 식구들이 해일을 일으킨다며 그렇다고 피하거나 쓰러진 일 없이 무덤덤했다는데 다만 돌의 성질로 굳어진 섬도 가슴은 있어 울기도 했고 뭍으로 나가 사람답게 살고도 싶었을 거다 그러고 보니 우두커니 앉아 시간만 갉아먹다 저무는 앉은뱅이 저 돌이 그의 이력이다 일자리가 생기면 이력서 대신 저걸 들고 가라 해야겠다 여기저기 보이는 파도 자국은 그에게 있어 화려한 과거 아니던가 당장이라도 종이 한 장이면 될 것을 섬 하나 등에 지고 일자리 보러 갈 백수씨 남들은 이력이 가벼워서 탈이라는데 그는 무거워서 병 그 또한 경력으로 칠 것인데

  혹시나 돌,
  대가리로 찍히면 어쩌나

가을 역 근처 폐가

다시 가을
버려진 것들은 죄다 아프게 보이지
푸석푸석 결핵환자처럼 누워 있는 양철지붕이
늑골이 나간 담벼락에 허리를 지탱하고 있는 감나무가
급하게 달려온 바람이 문고리를 흔들어도
기척 없는 폐가는 더 그렇지
한 발 건너 간이역에서 무시로 들리는 기적소리는
저들을 더 초조하게 만들지
하지만,
기적소리는 사람이 온다는 기별
그래서 감나무는 기다림을 익히고 또 익혀
홍시를 주렁주렁 달고 있는 것일까
그러나 인기척 없이 또 하루가 다갈 무렵
풍경이라면 더 좋고
쓸쓸하다면 쓸쓸한 대로 좋은
가을 역 근처 폐가
아픈 양철지붕으로 번지는
그리운 빛깔 노을은
먼 곳에서 보낸 소식이겠다

똥

 말들이 초원의 풀잎을 뜯어 잡수시는건 한 끼니 식사뿐이다며 우기는 당신은
 잘 모르는 말씀,

 땔감 나무가 없는 몽골 유목의 마을
 풀잎이 말들의 배를 채우고 말들은 풀잎을 삭히고 삭혀
 한 덩어리 똥을 배설하면
 눈이 순한 여자들은 그 똥을 소쿠리에 모아
 저녁의 땔감으로 불을 지핀다지

 한 덩어리 말똥이 노을보다 더 진하게 타오르면
 사람의 밥은 따듯해지고
 손님을 대접하는 차 한 잔은 넉넉해
 유목민들은 말들과 끈끈한 유대를 지키고 사는데

 고약한 인간의 똥보다 더 착한
 짐승의 똥
 냄새 한번 맡고 싶다

낙타

어둑해지는 하늘에 별 한 점 반짝인다

모래 산 너머
저 먼 곳의 저녁별은
푹푹 빠지는 사막지대를 걸어서 우주까지 당도한
낙타

길을 만들며 걸었던 길을
무릎 꿇고 끔벅끔벅 내려다보는
저 맑은 눈빛

사람들은
밤하늘 종착지 낙타를 보며
희망을
쓰기도 하지

달팽이

별명이 달팽이었던 시절
느려 터진다는 놀림 때문에 무공해 별명을 시궁창에다 차 버렸다

틈이 벌어진 아스팔트
시커먼 개미들 들락날락 난리통인데
틈 사이 풀잎에서 꾸물대고 있는 달팽이
달팽이는 느림의 원조
그래서 낙오자로 지목 당할까
낙오자의 아픔은 발견을 통해 아물기도 한다는데
나는 달팽이 세계에서 이탈하여
공장의 기계처럼 쉬지 않고 달리고 있는데
맹수의 대열에 합류 하지 못했다

내가 다시 별명을 달팽이로 한다면
비바람만 피할 수 있는 움막 한 채 달랑 짊어지고
국유지든 사유지든 간섭 없이 들어가
푸른 풀밭에서 엉금엉금 살고 싶은데
늦었다
내 이름도 때가 많이 타
헹구지 못할 것 같다

심원마을

문풍지 틈새로 송곳 바람이
폐부까지 파고 들던 밤,
나는 이리 추운 냉골에서 잘 수 없다며
첩첩 산골 골바람을 피해
정령치 고개를 아슬아슬하게 넘어
온천마크가 빨갛게 보이는 읍내 여관을 두들기며
서울 사람 행세를 했는데

다시 가고 싶다

은하의 열차가
푸른 별 하나
가슴이 따습도록 뜨거운 별 하나
수많은 뭇별들을 칸칸마다 태우고 달려와 부려놓은
하늘 아래 첫 동네

거기 가고 싶다

수인선 철길 시흥 구간

  열차가 철길을 버렸을까,
  열차 대신 수인선 철로 시흥 구간에는 계절이 왔다 가고
  다시 눈발이 도착했다

  이 철길의 종착지는 소래포구 지나 제물포
  그러나 철로가 녹슬어 연인들이 해종일 머물다
  폐염전의 마을로 돌아가는 곳

  어디선가 기적 소리 들린다
  협궤열차가 덜컹대며 달려오는 것 같다
  칙칙폭폭칙칙폭폭 열차는 희미한 옛이야기
  철길은 뻗어 있어 여기에 발 디디면
  그리움 하나 저 철둑 너머에 있다
  칸칸마다 소금 가마니를 싣고 달려가는
  열차 꼬리를 보며
  도시로 가버린 엄마 찾아
  은하철도처럼 뿌앙뿌앙 달리고 싶었던 시절이 있어
  콧잔등이 시려지는데

그때처럼 눈발 휘몰아치고
아아,
열차도 엄마도 오지 않는 수인선 철길 시흥 구간

유기견 한 마리
철로를 서성이고 있다

재즈바 여인

밤이면 밤마다 춤추는 여자
오늘밤엔 색소폰 소리 더 구슬프게 흘러내린다
사랑이야 이별하면 그만이지만
두고두고 아픈 상처라지

사랑해서 아팠고 이별해서 아프다는 여자
파고들 남자 품이야 없겠냐만
순정은 남아 있어
거울 보며 혼자 춤추는 여자
젖어 있는 마스카라가 조명 빛에 들통 난
애처로운 콩새 한 마리

창밖에 겨울비 내린다
비에 젖은 마음 둘 곳 없어 술병에다 채우면
사랑도 이별도 옛이야기
추적추적 부질없이 뿌린다
이별이 여자를 두고
가버린 날도
찬비 혹독하게 내렸다지

아내의 자전거

자전거를 타고 일 나가는 아내가
바퀴에 바람이 빠져 다리가 힘들다던 때
빵구난 바퀴처럼 한자리에 주저앉아
헛바람질만 하는 나를 보는 일이
더 힘이 드는 것 같아
바람 빠진 바퀴를 끌고
삼천리 자전거포에 갔네

빵빵하게 바람을 넣다 보니
닳고 닳은 두 바퀴가
우리 집 앞날을 짊어진 아내의 신발 같아
가슴 저미었네
그래도 진짜 바람 한 번 제대로 넣고
뿌듯했던 시절
머언 옛날인데

아직도
풍차처럼 돌고 돌아 알전구에 불을 켜는
신발이여
두 바퀴여

감나무밭 일기

까치가 좋아하는 대봉감은
깡통이 질러대는 소리로 익어간다
시끄러운 소리는
틈을 노리는 적을 묶어 두는데 적중한다
그 사이 시퍼런 감은 붉어진다
그럴수록 입맛을 다시는 까치
느슨해진 허공은 기회
감나무가 가늘게 흔들린다
흔들린 만큼 깡통은 아프게 두들겨 맞는다
까치도 양심은 있어 방향을 틀어 포기한다
올해는 까치 피해도 덜해 좋다만
중얼대며 일손을 터는 사이
과수원 너머 서산에
하루 종일 벌겋게 익은
홍시 한 개가
값도 안쳐주는
서울 쪽으로 기울고 있다

제2부

벚꽃 오후

낚시터
매끈한 잉어 한 마리 공중으로 튄다
가출이다

잠잠하던 물이 파장을 일으키며 그물망을 쳐
다시 들어간 잉어를 가둔다
사단이 난 저 풍파는
누구나 한 번쯤은 비밀로 해보고 싶은 일이다
콜라텍이었는지 숨겨둔 남자 편이었는지
바깥으로 튀었다 다시 들어간 이웃집 여자는
저 물고기와 같은 처지
그 여진이 상당한지
이웃들은 엘리베이터에서 마주치지 못했다는
후담만 무성해 행방이 궁금한데

밖에서 보자며 던져 놓은 미끼 줄에
타전을 기다리는 낚시꾼

벚꽃이 조급해진다

감나무 하네 그리고 나

 감식초 군번 땡감 나무에 이파리 한 개라도 없어질 때마다
 골목대장이라는 이유로 따 먹었다는데

 감나무 그늘에서 놀던 날이었던가 영감이 염치 좋게 날 부르더니 들고 있던 간짓대를 툭 던지며 못 따겠다는데 아따 하네*도 못 딴 감을 나가 어즈께 딴다요 잉 그래도 따보라는데 뒤집어쓴 일이 어저께 같아서 그라믄 하네는 소쿠리 들고 주서담으씨요 잉 손에 힘을 있는대로 써서 간짓대를 휘두르며 나가 언제 따묵디야 따묵디야 맷맛하냐 맷맛하냐 감나무 한테 따지자 끄터리가 삐쭉한 땡감들이 소쿠리 들고 쳐다보고 있는 하네 벗겨진 머리로 우박에 질새라 툭툭 떨어지고 나는 싸게싸게 말해 나가 그라디야 안그라디야 감나무를 족치고 하네는 아이구메아이구메 도팍같은 감새끼들이 감새끼들이 잉잉 오마오마 니는 먼소락때기를 모락스럽게 쓴다야 하네는 머리에 쌩피가 여러군데 찔금찔금해 수건을 붕대처럼 칭칭 감았다

저녁 무렵 우려서 먹으라며 아짐찮게 준 땡감 한 바가지 들고 오면서 생각했다 성할랑가 몰라

* 하네(할아버지) 전라도 고흥 사투리

칠월

궂은날이었지
떨어진 빗물 흩어지는 바닥을 보며
비 그치면 우리도 그럴 것이라는 사실 때문에
얼마나 괴로워했는지

그날의 비는 예보하고 있었던가
무겁게 입 다물고 눅눅했던
우리 사랑 결별을

그때처럼 구름이 으르렁대고 장대비 쏟아진다
삭신이 아프고 몸이 쑤신다
오십견이라는 진단에 물리치료가 처방이라지만,

우기철이면 도지는 통증
그녀가 나를 관통하여
마음이 아픈 거다

옛사랑

능금을
좌판에 진열하려고
목장갑으로 쓱쓱 닦았다

누군가의 입술처럼
도톰하고 빠알간 것

문득
옛 여자 생각이 들어 한 입 깨물었더니
핑돌던
그 첫 키스 같은
단맛

맛있어
묻는 소리에
가슴이 덜컹했다

간고등어

싸락싸락 싸락눈 소리가 들린다
저 결정적 소리는 생선가게에서 소금 뿌려
간을 하고 풀을 죽이는 일이지

성질이 지랄이었던 나는
검푸른 심해를 휘젓고 다녔던 한 마리 고등어였다
그러나 등 푸른 시절 오래가지 못했다
한 여자 그물에 걸려
그가 뿌린 소금에 풀 죽었으므로
그 입맛에 길든 간고등어로 살고 있으므로

그나저나
생선가게서 휙휙 뿌리는 마술에
보기 좋게 포개지는 고등어 두 마리
당신과 나 같네
싸락싸락 눈 뿌리던 그 밤
꼿꼿한 지느러미를 포기하고
나란히
같이 누웠던

다리미씨 세탁소

지난 어제도 구겨진 바지 대신 술병 들고온 화상들
골목 세탁소는 폐업 직전이다

다림질로 먹고 사는 세탁소 다리미씨
바람난 여자 야밤 도주하고 앞날이 꼬이더니
다리미 잡아야 할 손이 술병만 잡고 있어
다리미가 열 받았는지,
작업대에서 스팀을 연거푸 뱉어내고 있다
희뿌연 한숨 같기도 한데
그가 세탁소를 그만두지 못한 건
다 이유가 있다지
구겨진 여자 제대로 다려 걸어두고 싶어서
수소문 중이라는데

다리미판에서
새까맣게 타는 흰 와이셔츠
타들어가는
그의 가슴팍이다

께냐*

  당신의 다리 구실을 했던 왕대나무 지팡이를 잘라 피리를 만들어 불어요 구멍이 숭숭 뚫린 대나무에서 신음이 흘러나와요 관절이 안 좋아 다리뼈가 쑤시고 아프다는 소리가
  어디선가 들리는 것 같아요 그럴수록 나는 손마디가 떨리고 호흡은 험준한 고개를 넘어 고산지대에 들어서기도 해요 생을 마친 사람의 정강이뼈로 만들어 불었다는 잉카의 나라 악기처럼 당신이 두고 간 왕대나무 지팡이로 만든 피리에다 내 입술을 대고 인공 호흡을 하면 둥근 무덤에 뚜껑이 열리고 어느 영혼이 슬픈 음악을 주문해요 그럴 땐 나는 악보를 따라 찬 숨을 들이키며 당신의 몸 한 부분을 따습게 잡고 전설을 불어요 그러면 콘도르 한 마리가 마추픽추에서 안데스 산맥을 넘어 여기까지 날아와 창공을 날다 가파른 협곡으로 날개를 틀어 저녁 바람을 재우며 빙빙 돌기도 해요 내 입술에 힘이 부칠 때까지 우리는 하늘과 지상에서 곡예를 해요 측백나무만한 인디오 여인 구멍난 다리뼈 그 까닭을 짚으며,

* 께냐: 죽은 연인의 정강이뼈로 만든 잉카의 전통 악기 피리

어떤 평화

  노점상들과 단속반들이 대치 중이다

  잡초는 짓밟혀 비벼진대도 다시 고개를 쳐들어야 잡초라며 끝까지 버티자는 사람들
  저것들은 보도블록에서는 클 수 없다며 뽑아야 한다는 관할 용역꾼들

  밀고 당기는 팽팽한 긴장 속에
  정오의 해가
  다 같이 먹고 살자는 일에 일단은 점심이나 들고 보자며
  카드를 꺼내들자

  대치를 풀고
  그늘을 찾아 도시락에 열중하는

  저,
  느긋한
  평화꾼들

올챙이 같은 누나

 배에 복수가 차 임산부처럼 누워 있는 누님을 보며 해산날이 언제냐고 농을 건넸다 이 나이에 아이라도 들었으면 좋겠다 그 말이 가루약처럼 쓰디쓰게 들렸다 지금 한 여자의 몸 안에는 복수 꽃 한창이다 그 꽃 보러 여럿 다녀갔다 사람들은 꽃이 얼마 못 가 시들 것 같다며 조의금 같은 흰 봉투를 두고 갔다 재깍재깍 시계 소리는 누군가에게는 불씨마저 꺼져가는 시간 가망이 없다지만 손을 써봐야지 작은 조카는 지 몸의 일부를 덜어 한 마리 올챙이에게 접을 붙여 주기로 했다 한고비 넘긴 병실 거죽이 쭈글쭈글한 눈만 끔벅이는 외계인 배에 청진기를 대본 주치의는 복수가 빠졌으니 차차 사람이 될 거라는데 죽었다 살아난 누님 어느 우주에 다녀왔을까,

소하동에서
– 기형도를 생각하며

냇가에 느티나무가 아침의 햇살을 받아
잎을 키우며 살았던
뚝방촌,
소식도 없이 고속철도 역이 생기고
쓰러지는 낮은 지붕들에 신음을
포클레인이 퍼다 버리고
원주민들은 먼지로 흩어졌지만
가뭇없이 가버린 한 사람의 흔적은 남아 있어
안양 천변에 개망초들이 해마다 찾아오지
별들도 저무는 밤중이면
숲속의 자작나무들이
흰 눈을 뜨고 지켜주던 뚝방에 앉아
샛강에 푸른 잉크를 뿌리며
가난한 날들을 기록하였을
안개의 시인
그는 먼저 갔으나 알고 있으리
개발 앞에서 더 이상 물러날 곳이 없는
뚝방촌의 절망을
다시 또 찾아와 희망으로 만발하는
들꽃들을

두 눈뜨고
지켜보고 있으리

대설특보

공장 굴뚝의 연기는 함박눈인가
지하의 기계들이 잘도 도는지 펄펄 날린다

굴뚝의 연기는
공돌이 공순이들의 노동이다

뭉텅한 연기는
지하에서 고단한 몸들이 두 팔 벌리고 쳐다보고 싶은
공중에 눈발이다

대설특보가 내려지면 공장의 손과 발들은
쉴 틈이 없다

하늘을 찌를 것 같은 굴뚝은
허리도 비대해 사장을 빼다 박았다

굴뚝은 밤새도록 대설특보다
그 누군가의 명령으로

벌레와 황도

우주 한 개를 통째로 먹다

외계인을
만났다

탈출을 꿈꾸다

자고 나면 잘려 나간 산이 또 보인다
이 도시는 벌목으로 숨조차 가누기 힘들다

늦었지만
원시림 같은 산림으로 가야 한다
아름드리 소나무가 송진 램프를 켜는 저녁이면
숲의 문장을 읽으며
황폐해진 마음을 싸목싸목 다스리고 싶다

의료보험증을 발급해준 이 도시는 사막
사람들은 고갈되어 누렇다
너나 모두가 나무 한 뿌리 없는 노숙자

뿌리를 찾아가고 싶다
사시사철 푸른 천등산 비자림은 나의 본적지
바람의 자양분으로 번창한 숲
거기 움막 하나 짓고
별 뜨면 별을 불러 가슴을 뜨겁게 달구고 싶다

몰골이 누런 이 도시로부터 추방당해
망명하고 싶다

* 천등산 비자림: 전남 고흥군에 위치한 산

나무 관찰학

바람 부는 날
나무를 보시라

바람이 홈런처럼 빠른 속도로 담장을 넘어가면
나무 이파리들은 반짝이며
파도타기를 하다가도
불던 바람이 병살타처럼 멈추면
고개를 숙이고 잠잠해진다

바람 부는 날
나무를 보면

한국 시리즈 결승전을 치르는
잠실구장 관중석이 보이고

함성과 탄식이
들린다

외짝 구두

길바닥에 신발 한 짝
원래는 밋밋한 구두였다지

시꺼먼 구두약을 칠하고부터
삐까삐까
놀음판에서 빛나는 광이었다나

광은 광인데
그것으로 부족해
똥광이나 비광을 잡으러 쏘다니다
결국,

길거리 신세
노숙자라지

청상과부

카랑카랑 바람 부는 전라도 담양 땅이다
대나무가 울고 있다
울음이 피리 소리 같다
유리에 금 가는 소리다
휘어지는 아픔이 부러지는 일보다 고통으로 보이는데
자빠지다 다시 일어나는 탄력은
가늘디 가늘다가 굵게
그러면서 길게 뽑아내는 남도의 명창 같다

일찍부터 혼자였던 내 엄니가 그랬다
뒤뜰에서 대나무가 울던 흐린 밤중이면
어린 나를 옆에 두고
육자배기를 구슬프게도 불렀다
흔들리며 한 대목 걸죽하게 우는
낭창낭창한 저 푸른 마디처럼 아슬아슬하게 한 대목 꺾다
막걸리에 사카린을 타 마신 날은
더 시퍼렇게 울기도 했는데

대나무
막걸리 한 대접 자시고
저러시나,

유목의 마을

히히힝 히히힝 말들이 돌아오고
램프가 심지에 불꽃을 댕기는 저녁
둥근 텐트에서 밀 빵 한 조각에 차를 마시며
걱정 없는 눈으로 살아가는 사람들

밤이면 설산 너머 우주들이 훔쳐보는
사람의 경전이
지구 한쪽에 거처를 잡고 풀의 힘으로 살아가는데
문명의 접근을 마다한 초록은 더 무성해지고
땔감으로 쓰이는 가축의 똥은 넉넉해
그것으로 삶이 풍족한 그들은
가축을 숭배하는 유목민

북두칠성은 그 곳을 유적지로 점치고 있어
사람도 가축도 유물로 보이는
방목의 울타리에
도굴꾼들은 다녀가지 않았다는데

값으로 칠 수 없기 때문이었다지

모텔 샤롯데

샤롯데 모텔로 배달을 갔다
명절 선물 사과 상자를 두고 돌아서던 차에
누가 독약 한 사발을 마시고 있는지
자지러지는 소리가 들렸다

베르테르 연인 롯데 같은 여자가
저러겠지 짐작하며
자가용 번호판이 죄다 덮개로 가려져 있는
주차장을 빠져나와 생각했다
젊은 베르테르 슬픔은, 사랑인가
아니면 고전시대 불륜인가

어쨌건 간에
대낮에 작업 소리 요란한 모텔 샤롯데
첫 페이지만 읽다 덮어버려
끝장이 근질근질했는데

괴테 어른 없이도 명작 한 권을 찍어대던
모텔 출판사
기승전결 확실한 수작이었을 거다

숏타임

해가 지고 마음 둘 곳 없는 해안가에서
갈 곳은 여인숙뿐이었네
하룻밤의 거처는 칙칙하고 눅눅해
얌전하게 잠들 수 없었네
나무 창문 틈새를 쑤시고 들어오는 유혹의 바람에
분홍 캐시밀론 이불을 자꾸만 뒤척였네
징역살이 같았네
다오다 커튼을 젖히고 창문을 열어
어둠의 바다를 바라보았네
거칠게 부는 바람에 알몸을 맡긴 바다는
거품을 물며 파도치네
바람,
내 스스로 감당 못해 뻐근해진 아랫도리에도 불었네
불쑥 들어와 꼬리 없이 불었던 미지근한 바람
늦바람으로 다시 불자는 약속도 없이
선창 가 등대불을 피해 에돌아 갔네
이름도 가물가물한 그 바람
비릿한 바닷가에 가면 생각나네

여씨 성에
인숙씨

그리운 실패여

사랑은 그때 절단났다
도적처럼 한 여자 끼고
부석사 무량수전 보러 갔던 스무 해 시절
오밤중 농간 때문에 절 마당에 발도 들여놓지 못하고
부처님 대신 데려간 여자 앞에서
싱거운지 짠지 간도 모르고
정신 팔린 수저질은
나에게는 실패의 첫 길이었다
세상에 공짜는 없다며 공을 드려야
여자도 생기고 사랑도 만들어진다는
부석사 법문 같은 밥집 말씀
한 귀로 듣고 한 귀로 까먹은 그 날의 나는
많은 세월을 멀리했다
다시는 갈 수 없는 부석사여
그리운 실패여
어둠이 적막하여
풍경소리 하나둘 뜬 밤을 보냈던
사랑이여
부디,

제3부

저녁의 별

사랑해야 할 사람이 너무 많아 가슴이 뜨겁다
모두가 별이다

내가 사랑하므로
그들은 반짝이고
글썽인다

바람 부는 날에 배를 타러 간다

 바람이 검문하여 출항을 금지당한 구릿빛들 조업에 차질이 생기면 방파제 같은 꽃마담 선술집은 저들이 거쳐 가는 곳 하지만 바람은 그곳에도 분다 일기예보를 빗나간 치맛바람

 누가 저 비릿한 바람을 두고 바람 불어 좋은 날이라 했던가 클라스에 바다를 퍼다 마셔도 모자랄 뱃사람들이지만 눈을 흘긴 마담의 알랑방구에 맛이 가 끝장을 볼 참이다 한 물 간 뽕작은 갈 때까지 가 보자며 삼각 스텝까지 질러댄다 그래 씨발 제대로 한 번 놀아보자 우리 같은 뱃놈들이 불알 빼면 뭐 있어 배 타는 일에는 선수라는 이가 마담에게 눈빛을 주며 좆팔 배는 무신 오늘 못 타믄 사람꺼라도 타믄 탄 건 똑같은 거여 고것도 요런 날 타믄 죽지 죽어 그말이 무슨 말인지 저들은 잘 안다

 배에 올라탄다는 말 고기를 잡으러 바다로 나간다는 건가 만다는 것인가, 저들만의 유행어 같은데 어차피 뱃놈소리 듣고 사는 마당에 저 정도 호

기는 있어야지 저 배를 탈까 이 배를 탈까 술맛 걸죽한 저물녘 만선호 흰 깃발은 바람의 속도를 재느라 펄럭이고 항구는 풍랑으로 과부 치마끈처럼 단단히 묶였는데

  누가 초저녁부터 배로 올라탄다
  앗, 갈매기다
  선수는 선수다

설악산 단풍

부탁했던 단풍 한 잎 도착했습니다

고맙게도 설악산 심장 가장 붉은 쪽을 보내주셨습니다

가을 병이 도진 한 사람

이식 수술에 들어갑니다

소록도와 녹동항 사이

녹동과 소록도 가운데 바다는
죄 없는 소록도 사람들에게는 철조망이다

바다는 푸른 희망,

시인 한하운 어른은 바다를 바라보며
얼마나 절망했을까

통통선 한 척
녹동항 앞 바다를
부수고 지나간다

원통해서

고래가 보고 싶다

내 유년의 바다에는 숨은 여라는 바위가 있다
바닷물이 빠지면 몸통을 드러내고
바닷물이 차면 가물가물하게 보여
숨은 여는 한 마리 고래 같은 것이었으므로
나는 수시로 그 바위를 보며 꿈을 키웠다
바닷물이 빠지면 사람들은 바윗등에 올라타
갯것을 잡으러 물질은 했지만
바위를 끌고 뭍으로 오지 않았는데
객지살이 십수 년
이리저리 끌려다닌 나는
파도치는 바다 그 자리에 그대로 있는
숨은 여가 보고 싶다
다도해 해안에서 하루에 한 번씩 나타나는
한 마리 고래
도시에서 표류하며 살아가는 나는
숨은 여
고래가 보고 싶다

슬픈 악사

라이브 카페 홍씨는 악사다
농사꾼 아버지가 암소를 팔아 대처 유학길에 올랐다는 그는
딴따라 인생은 막장이었다
그의 건반에 7080 술구세 들이 뽕짝을 올려놓고
밤을 탕진하면
그는 여러 곡을 타작해야 한다
노래가 끝이 나고
가뭄에 단비 같은 지폐 한 장이 허공에 날리면
팔아먹은 소가 눈에 밟혀
피눈물이 난다는 홍씨
무덤에서 그의 아버지가 벌떡 일어나
황진이 한 곡 기차게 뽑았을 밤도 있었겠지
별이 지는 시간
밭갈이를 마치고
뚜벅뚜벅 골목을 걸어가는 그림자

외양간을 찾아가는
지친 소 한 마리 같다

애월에서

이 세상 모서리에서 다치고 지친 몸을 만월의 바다에 눕히면
애월이 서방님 하며 달려들 것 같다
그런 사랑 한 번 저질러 보고 싶다
하지만 응큼한 생각 말기로 했다

저,
둥근달이 애월
그녀의 문은
구릿빛 어부들만이 열어보았거나
목숨 걸고 열었던
암스트롱 말고는 없으리

애월,
불러는 보대 싸가지 없는 생각 거둬라
이곳은 유배지 같은 곳
들통나면
육지로 나갈 수 없다

만 원짜리 푸른 잎

한파가 오기전에 월동 준비를 해야겠다며
긁어대는 바가지 소리에
추리닝 바지에 운동화를 꺾어 신고
일 년에 한 번 갈까 말까 하는 농협에 갔네
창구 앞에서 서성이다
바닥난 예금을 탈탈 털어
배추 한 포대 들고 집으로 왔네
속이 튼실한 배추를 절구는 사람
만 원짜리가 한 포대면 얼마나 좋을까
혼잣말 그 옆에서
소금 대신 눈물을 뿌렸네
엄동설한 걱정 덜은 푸른 잎
짜디짠 눈물로 절군
배춧잎
아,
푸른 잎 푸른 잎

# 미시령

보이는 건 눈발과 암흑

분간이 안 간 고갯길
눈 덮인 도로 표지판은
여기서부터라며 령의 길이를 알린다

길이는 줄과 같으므로
줄을 제대로 잡아야 출세한다는데
사람들은 여기서 줄을 여러 번 놓치고 만다

그러면서 다시 잡는다

단지,
때 절은 마음이
동해를 만나고 싶어

첫눈

점찍었던
첫사랑 정순이
두고두고 잊고 사는데

어쩌자고
해마다

발랄하게
오시는가

폭설

일기예보는 오일장이라 했다
산 아래 누옥 한 채
상복 차림으로 허리를 구부린 감나무
조문객 대신 머리를 조아리는 콩새

하늘에서 보낸 국화 송이 사흘째
두절이 만든 풍경은
수묵화 한 점 같기도
흑백 사진 한 장 같기도 한데

경주 땅 신라 고분 같은 눈더미 속에
멀둥멀둥 눈뜨고 있을
노부부

오일장은
지루하겠다

즐거운 저울질

이 세상 아줌마들은 무게에 민감하다
저울 앞에서 표정을 바꾸는
그녀들 얼굴을 보면 안다
바야흐로 비타민의 계절
아줌마들의 입맛을 돋게 한 딸기를 저울에 올린다
저울의 바늘이 파르르 떨다 값의 눈금에서 멈춘다
금이 야박하다며 데굴데굴 구르는 드럼통들
비겁하게 그녀들은 볼록한 뱃살과
풀어진 젖가슴을 올려놓은
동네 목욕탕 저울에서는
s라인 눈금과 거리가 멀다며
구시렁댔을지 몰라도
나는 달작지근한 유혹 앞에서 맘대로 무너진
그녀들 지방꽃을 보며
양심을 후하게 얹어준다
저울의 바늘이 오버를 떨 때까지
가벼운 바늘에 즐거운 무게를
팍팍 보태준다

수수꽃 인생들

골목길 인력시장
급하게 달려온 승합차가
초조하게 서 있는 몇몇을 호명한다

난민처럼 가방을 껴안고 도착한 곳은
주식회사 신축 현장
토막 난 각목들이 불타는 드럼통 앞에서
언 손을 녹이던 사람들
붉은 완장을 찬 아침 해가
작업지시를 내린다

하루 벌어 하루를 사는 인생들
벽돌을 짊어진다
벽돌은 주식과 같아 높은 곳으로 올라가야 한다
올라갈 때마다 바닥을 치는 저들을
개잡부라고 부르는 공사판
철근처럼 녹슬고 휘어진 삶이 무거운데

하루를 감독한
저문 해가
품삯으로 수수꽃 몇 송이
서녘에 두고 간다

낮 달

낮달이 보고 싶어
애쓰는 사람 그리 많지 않다지

낮달은 사무쳐야 보인다지

남쪽의 노모를 하늘 요양원에다 모시고
습관이 생겨
대낮에 하늘을 쳐다보면
때마다,
구름재 너머
수수밭 고랑에
어머니가 보인다

야위고 휘어진 등으로
지심 메는 엄니는
그믐달이다

동백지다

한발 늦었더군

하필이면 추운 날만 골라 기다리다
이불 뒤집어쓴 굼벵이 같은 내가 괘씸해서
가 버렸더군

꽃 보러 갔던 작년에
지고만 동백꽃대신 붉은 입술 한없이 대주며
나를 달래 주던
여자

기다리다 지쳐
붉은 립스틱 싹 지운 티슈만
동백나무 밑동에 버리고
보란 듯이
가버렸더군

다시 봄

 밑동만 남은 나무에서 싹 하나가 고개를 내밀고 바깥을 살핀다

 엄동설한 문 걸어 잠그고 감감무소식이던 장성 양반이시다

두 손 모아

어부가 건진 등푸른 희망

염부의 노고로
시장 좌판에 소금꽃 반짝이는 염전

저녁 밥상에 자반고등어

잘 먹겠습니다

봄밤

거울에 비친 얼굴을 보던 각시가
좋은 시절 다 지났다며
푸념을 한다

달빛에
목련이 환한 초저녁 밤

한 수 거들었다

젊어지고 싶은가?

비 오는 날엔 네가 그립다

이렇게 보슬비 나리면
잉잉 젖어
그대가 두고 간 발자국마다
눈물이 고여요

고인 눈물 넘치면
그대 사는 강마을까지 흘러갈 수 있을까,
울어도 울어도 모자란 눈물
얼마나 더 울어야

그대 가슴
적실까요

바닷가 봉분 또는 폐선

다시 찾은 고향 어촌
한 집 건너 또 한 집 갈 날만 기다리고 있는 노인들
바다 일에 골병들어 거동은 못 하지만
평생을 바람의 바다와 싸우며 만선의 깃발을 날렸지

세월의 두께 만큼 상한 곳이 두꺼워
바닷물을 거침없이 밀고 나갈 자력을 잃고
뻘밭에 비스듬히 누워 있는 저들을
폐선이라 부르는데

이미 거처를 산으로 수습하여 누워 있는
폐선의 봉분을 보면 죄다 바다를 바라보고 있어
생전에 만들었던 어장을 잊지 못하고 있는 걸까
가끔은 뚜껑을 열고
바다에 나갔다 돌아왔을지도 모르는
바닷가 봉분들

저 아래 골골대며 폐선들이 누워 있는 산으로 올라오는
 목선 한 척
 자리를 잡으러 오나 보다

제4부

담쟁이

내 몸에 달싹 붙어 더 높은 곳으로 올라가는
푸른 줄기
그것을 그대라고 치자

그대 매일 매일 어린잎을 경작하여
삼각 탑을 올렸네

푸르른 노동은 나를 밟고
한 단 한 단
꼭짓점을 만들어 나를 가두었네

사랑은 불멸 그 징표로
이집트 여왕이 잠든
사막의 피라미드를 만들어
나를 묻었네

천년만년
나를 지켜보겠네

1983년 가리봉

공돌이 공순이들이 다닥다닥 붙어살던
가리봉이
진화를 거듭해 가산동으로 변했네
미추리들이 낄낄대던 약속의 장소 오거리는 그대로
변한 게 있다면 주변을 색칠해 패션의 거리라 하는데
꽃무늬 수놓던 여공 안자는
촌스런 이름을 바꾸겠다던 입버릇은 고쳤는지,
같은 주소 같은 번지에서
봉숭아 꽃물들이던 애인들은 어디로 갔는지,
문맹들만 모였던 가리봉은 디지털 단지로 변해
미싱 박던 아가씨들은 떨어진 꽃잎처럼
가뭇없이 흩어졌지만
구닥다리 시절
아날로그 공중전화로 약속을 정하고
포장마차 불빛 아래서
두 사람이 그림자 한 개를 만들었던
그때를 잊지 못하지
삶은 침침했지만 그것만으로는

죄가 되지 말자던
가리봉 그 밤을

소주병

아파트 마당 분리수거 통에
빈 병을 던지는
아줌마

빈둥대다
모가지 잡혀
투명했던 자존심마저 깨지는
이 시대의 강제 퇴직 자

쨍그랑

아프다

민들레

애야
여기는 이제
옥토로 가꾸었으니

저 멀리
척박한 땅으로 가

자리를 잡고
뿌리를
내리거라

엽서

  녹슨 철길을 끼고 도는 강가에 나룻배는 지금도 고요만 한 짐 태우고 있겠지요,
  이 기별 받으시면 세느강으로 오시어요
  쇼팽이 피아노를 치고 비틀즈가 다녀갔던
  밤중이면 뭇별들이 내려와 염전처럼 반짝이던
  강 언덕 거기
  저 먼저 달려가 회양목 창가에 열아홉 순정 같은 홍차를 시켜놓고
  강을 건너오는 바람소릴 읽으며 기다리겠어요

  이왕이면,
  해 종일 잠기다 지칠 때쯤 노을빛으로
  마주했으면 좋겠습니다

억새꽃

건조한 벌판
부는 바람에 분주하게 움직이는
억새꽃들

저 집단은
키르기스스탄 유목의 마을에서
목초지를 찾아 이동하는
양떼들

한 철 살다 떠나는 방랑의 길
깃털을 들쑤시는
싸늘한 바람도
보드랍다

사춘기 바로 잡기

못은 망치질을 차분하게 해야 제대로 박힌다

성질 급하게 했다가는

핑소리를 내며 엉뚱한 곳으로 튕기고 만다

아가꽃 봉분

평생을 들에서 일만 하셨던 우리 엄니가 이다음 세상이 있다면
들꽃으로 태어나고 싶다는 말을
입에 달고 사시더니

어머니 무덤에 애기똥꽃 피었다

운주사 와불

천년을 누워 있는 와불 앞에서
순간이라도 새빨간 욕심 빌지 마라

너 욕심을 들어주는 와불이라면
자리를 털고 일어나는
기적을 볼 수 있으리

기적은
지구 밖에서나 생기는 것

보이신다
부질 없는 욕심은 등짝으로 누르고
근심 걱정만
가슴으로 받아드리는

그래서
일어날 수 없는
몸이시다

낙화

백마강에 연분홍 꽃들 투신했다
마음을 비우고 얼굴을 가리고
가벼히

수천 년의 전설
삼천 궁녀가 몸을 던진
그 누구도 수심을 알 수 없는 시퍼런 강물이
추락하여 멍든 꽃잎을 데리고 간다

꽃진 자리에 이름 모를 재즈 가수가
이별을 한탄한다
청춘을 방탕으로 탕진한 노래
사랑도 맹세도 절정도
부질없어라

추락하는 저 꽃들
절벽도 손 놓고 있어
재 너머 뻐꾸기
아프게 운다

하바나 블루스

 혁명 그딴 것 이제는 바라지 않아
 저들은 체 게바라에게 미래를 맡길 수 없었다지

 어두운 새벽이여 태양을 꿈꾸는 암울한 청춘들이 악보를 따라 춤을 추면 거리는 뜨거워지고 연인들은 손등에 입술을 포갠다지 내일은 우리의 시대 혁명은 지루해 부둣가 맥주잔엔 파도가 넘쳐 뱃고동 소리는 밀항을 포기한다지 하바나 하바나 사랑은 빵처럼 부풀어 자꾸만 달콤해 가난은 조금 불편할 뿐 낭만을 버릴 수 없어 거리의 악사들이 기타를 치지 하바나 하바나 저녁별 아래서 카브리 해변처럼 출렁이는 연인들의 가슴엔 밤마다 뜨거운 피가 돌지

 부앙부앙 뱃고동 소리에 흔들어 봐
 자유는 찾아가는 것보다 만드는 것이 더 짜릿해
 하바나 하바나
 우리 밀착해
 가슴끼리

구로공단 굴뚝

하얀 색칠의 기다란 굴뚝
연기가 폴폴 난다

한 개비 담배 같다

한 시대 공순이들이 두고 간 구로공단
디지털 이 시대
콜센터 상담사들이 그 빈자리를 이어 받았다지

누가 알까,
도처에 깔려 있는 언어폭력이 저들의 삶인 것을

닭장 같은 휴식 공간에서
쌓인 것 뱉어내는

입에 댄
저 굴뚝

봄비

겨울 창문처럼 마음에 문을 닫고 잊기로 했던
그녀에게서 전화가 왔었네
갑작스런 소식에 나는 날궂이처럼 헛소리를 했네
그녀의 목소리는 먹구름처럼 무거웠으며
우리가 이상기류로 비구름을 만들어 눈물 뿌렸던
그날처럼 그녀가 먼저 울었네
우우우 우우
어린잎들의 손등을 적시는 푸른 눈물은
모과차 마시며 다정했던 시절이었네
한 번 간 사랑은 다시 올 수 있을까,
간절한 기다림은 갈증이라지
가물었던 내 가슴에도 비가나리네
우우우 우우 어색한 침묵도 잠시
촉촉해진 나는
그녀를 다시 파종하고 싶어
그래 목마르게 기다렸어 그 말을 참지 못하고
나도 울었네
같이 울었네

목련

 음 삼월은 허파에 바람 들기 좋은 달

 아파트 창문들을 사방에다 두고 나는 늘 하던 습관으로 욕실에서 거실로 나와 알몸을 닦다 건너의 창문들이 수상했던가 뒤통수가 뜨듯해 뒤돌아본 순간 젖가슴 봉긋한 여자와 마주쳤지

 아아,
 꽃이었지

 나하고 꽃 사이에 이상한 바람 불었지 실없이 허둥지둥대다 고민했던 문을 활짝 열었지 쓸만한 근육질을 훔쳐본 꽃하고 아싸하게 좋았던 내 인생에 최고의 봄날
 겁도 없이 제정신이 아니었던

 그해 그 봉긋한 꽃
 저기

1980년

해 떨어지면
홍은동 백련사에서 범종이 울었다
저녁은 둥근 밥상에 평온하게 보내거라
늘어지게 딩 딩 딩 울리면
내 뱃속에서는 또랑물 소리가 급하게 들렸다
그러나 열여덟 직공살이에게 범종은
밥도 수당도 없는 연장의 시간을 알리는 소리였다
용접을 배우던 철공쟁이 나는
산소통을 들고 가
그 입을 땜질해 버리고 싶었던 생각이
한두 번이 아니었지만
쇠망치질을 멈추고 가만 듣다보면
사람은 고파야 큰다는 부처의 고함 같아
때를 거르더라도 맘을 밥처럼 든든하게 먹으라는
남쪽의 당부 같아 저절로 기다려지던
빈 그릇에 고봉밥 같았던
그 범종의 소리

21세기 이 시대에
누가 또 듣고 있을까

꽃답게 시들거라

한 번 피었다가 미련 없이 시드는 것이 꽃이다

장례식장 쉴낙원
조문을 마친 조화
리본에 이름들이 가차 없이 칼질당해도
국화꽃은 살아남아
1톤 트럭에 다치지 않게 실려 부릉부릉 출발한다

얼핏 들었던 조화의 행방이 궁금해진다
어디로 갈까,

너의 이름은 꽃이다
꽃답게 시들거라

농부가 쓴 시

빗물이 가득 찬 다랭이논
한 장의 원고지다

굽은 등의 촌부가 한 줄 두 줄 문장을 만든다
힘겨운 노동이다
농가의 대물림 모심기는 농부가 허리 굽혀 쓴
꿈틀대는 푸른 글씨다

저녁이면 둥근 달이 어린 글씨를 비추고
개구리가 낭송할
세상으로 나가
한 그릇 따신 밥이 될
저런 시,

나도
써보고 싶다

즐거운 식사

풋살구 빛깔의 꼿꼿한 새순은 보약 같은 밥이라지

유랑 간 양들이 돌아와 느긋느긋 잡수고
뒤따라 달려온 말들이 허겁지겁 뜯어대는
몽골 초원은
걸게 차려진 큰 밥상

흰 두루마기에 점잖게 앉아서
삼베옷 종들은 서서
음식을 즐기는
조선시대 잔칫 집 같은
시끌벅적한 풍경

먹다 말고
히히힝 히히힝

아랫것들은 맛나서
촐랑댄다

하관

밭둑에 매화꽃 한창
땅에 가시 없는
고슬고슬한 오후 두 시
씨를 묻으려 파놓은 구덩이에 호박씨를 앉혔다

생각하건데
저세상 가는 길도 이런 날 묻힌다면 캄캄하지 않겠다
눈 감은 게 아니겠다
너는
여기 와서 눕거라

뻐국뻐어꾹 기도 소리에
흙 한 삽을 뿌렸다

늦가을

차갑게 비가 온다
적색의 잎들은 고개를 더 숙였다
비야 속절없이 왔다 가면 그만이지만
징후 없이 닥친
누군가의 작별은 비에 젖어 아프고 춥다
모퉁이 그 길에도 비가 오겠지
그 해,
그 길에서 비를 맞으며 이별을 겪었다
빗물이었는지 눈물이었는지
길바닥에 뿌리며 저물도록 걸었다
바람 불어 휘청거릴 때마다
노란 손수건 흔드는 은행나무 똑똑히 보았다
나의 사랑은 계절의 명령으로 이별하였으니
나는 외로운
한 그루 나목이었다
그때처럼 찬비 나리는
아, 아
한 사발 독약 같은 늦가을
다시,
불거지는 통증

|해설|

민중의 삶을 감싸는
따뜻하고 융숭한 시적 성취

허형만(시인. 목포대 명예교수)

사랑해야 할 사람이 너무 많아 가슴이 뜨겁다
모두가 별이다

내가 사랑하므로
그들은 반짝이고
글썽인다

– 「저녁의 별」

 2005년에 등단한 양달준 시인의 작품을 나는 읽은 기억이 없다. 그동안 양달준 시인이 문예지에 작품을 발표하지 않았거나 발표했어도 내가 못 읽었을 수 있겠다. 그동안 양달준 시인이 시집을 출간하지 않았거나 출간했음에도 내가 찾아보지 못했을 수도 있겠다. 출판사로부터 시집 해설 의뢰가 왔을 때 시집 원고를 보내면서 약력을 상세히 함께 보내달라 했더니 딱

한 줄, '2005년 『좋은문학』 등단'이 전부다. 문단 활동도, 그동안 출간한 시집도, 현직도 아무것도 없다. 그래서 〈시인의 말〉을 유심히 읽어보았다. 함께 읽어보자. "늦었지만 다행이다. 시에서 밥이 나오고 떡이 나오냐고 잔소리를 들으며 써왔던 시들이 세상으로 나간다. 이십 년 가까이 버려둔 시들에게 미안한 마음 전하며 어디를 가든 시의 따스함을 보여주길 바란다."

 어떤가. 이제 대충 짐작이 가는가. 내가 추측하건대 양달준 시인은 2005년 등단 후 문예지에 작품을 많이는 발표하지 않았다. 물론 문단 활동도 거의 하지 않았다. 그리고 이 시집이 첫 시집이다. 내 추측이 옳다고 한다면 이제 우리는 "이십 년 가까이 버려둔 시들"을 애정을 가지고 함께 읽어보는 게 예의일 것 같다. 그것이 이 시들에게 "미안한 마음"을 품고 있는 양달준 시인을 조금이라도 위로하는 길일 터이다.

 양달준 시인의 시에는 한 시대의 공돌이, 공순이라 불리던 노동자, 대도시에서 쫓겨나는 자, 강제퇴직자, 개잡부라 부르는 공사판의 일용직, 라이브카페 악사, 노숙자, 쪽방촌 원주민, 노점상, 밤마다 춤추는 재즈바 여인, 개천가 모래밭에 터를 잡고 사는 사람, 등 다양한 삶의 민중들이 등장한다. 이들은 모두 이 사회에서 힘없고 빽없는 서민들이자 양달준 시인이 "사랑해야 할 사람들"이다. 이처럼 양달준 시인이 사랑해야 할 사람들을 '민중'이란 용어로 지칭해도 된다면, 노동자, 농민, 도시 빈민 등 당대의 상황에서 고정된 계급·계층만을 일컫기보다 역사 속에서 상이한 모습의 부류가 모두 해당할 것으로 본다.

> 새벽은 늘 선잠이다
> 비빈 눈을 크게 뜬 사내
> 1톤 트럭 핸들을 잡고 도로를 달린다
> 가시거리가 짧은 길은 위험이 안전하지 않다
> 계기판이 좁아진 시야를 감지하고 비상등을 깜박이자
> 도로 표지판이 적색 경고를 알린다
> 급하게 휘어진 커브에서 길을 놓친 사내
> 안개가 점령한 도로는 절벽이다
> 그가 걸어온 날들은 늘 그랬다
> 단속반의 호루라기 소리에 노점을 철수할 때도
> 그의 앞길에 빨간불이 켜지고 방향을 잡지 못했다
> 새벽 청과 시장,
> 잠시 쟁여 있는 상자들
> 거주자가 수시로 바뀌는 임대 아파트 같다
> 저 상자들은 어디로 가 터를 잡을까
> 바늘구멍 같은 도시에 자리를 잡고
> 과일 박스를 앉혀야
> 생계를 유지할 수 있는 사내
> 익숙한 고민도 잠시
> 짐이 실리고 끙끙대는 바퀴

하루치의 무게를 짊어진 그가
　　안개의 성벽을 네비게이션에 찍는다
　　부릉부릉
　　　　　　　　　　　　　　　　－「안개」 전문

　새벽에 선잠에서 깨어나 눈을 비비며 일어난 '사내'는 "1톤 트럭 핸들을 잡고" "새벽 청과 시장"을 향해 달리는 도로는 안갯속이다. 안개는 불확정적인 존재, 시야의 윤곽이 어쩔 수 없이 모호한 상태를 상징한다. 안갯속 거리는 가시거리가 짧아 안전하지 않다. 급하게 휘어진 커브에서 길을 놓친 사내는 안개가 점령한 도로를 순간, "절벽"이라 생각하며 "단속반의 호루라기 소리에 노점을 철수할 때"처럼 "그가 걸어온 날들은 늘 그랬"음을 떠올린다. 노점상인 사내의 먹고살기 위한 삶이 곧 안갯속 같지만, "하루치의 무게를 짊어진" 사내는 오늘도 "바늘구멍 같은 도시에 과일 박스"를 앞히고 "생계를 유지"하기 위해 청과 시장에서 과일을 산 후 희망을 향하여 다시 안갯속을 뚫고 달린다.
　그 희망은 「개살구 그 푸른 말씀」에서 잘 드러난다. "좌판에 팔다 남은 살구 한 알을 쪼개"보며 과거의 아픈 기억을 떠올리던 화자는 "나는 살구를 팔아 입에 풀칠을 하는" 과일 장수이지만 어머니가 살구의 신맛으로 꾸짖는 "푸른 말씀"이 곧 "나에게 유일한 이문"이라고, 삶의 희망을 보여준다. 그래서 「즐거운 저울질」에서 무게에 민감함을 잘 아는 아줌마들에게 화자가 딸기를 팔면서 "나는 달작지근한 유혹 앞에서 맘대로 무너진/ 그녀들 지방꽃을 보며/ 양심을 후하게 얹어준다./ 저울의 바늘이 오버를 떨 때까지/ 가벼운 바늘에 즐거운 무게를/ 팍팍 보태"주기도 한다.

그렇다고 늘 희망적인 생각으로 살아가는 건 아니다. 노점상들과 단속반이 대치하는 상황도 발생한다. 이럴 때, "잡초는 짓밟혀 비벼진대도 다시 고개를 쳐들어야 잡초라며 끝까지 버티자는 사람들/ 저것들은 보도블록에서는 클 수 없다며 뽑아야 한다는 관할 용역꾼들"(「어떤 평화」) 사이의 팽팽한 긴장도 있고, "살아보자며 개천가 모래밭에 터를 잡아/ 무허가 단속반에 차이고 치였던 빽 없는 인생들"(「모래내」)도 있음을 양달준 시인은 상기시킨다.

>공돌이 공순이들이 다닥다닥 붙어살던
>가리봉이
>진화를 거듭해 가산동으로 변했네
>미추리들이 낄낄대던 약속의 장소 오거리는 그대로
>변한 게 있다면 주변을 색칠해 패션의 거리라 하는데
>꽃무늬 수놓던 여공 안자는
>촌스런 이름을 바꾸겠다던 입버릇은 고쳤는지,
>같은 주소 같은 번지에서

봉숭아 꽃물들이던 애인들은 어디로 갔는지,
문맹들만 모였던 가리봉은 디지털 단지로 변해
미싱 박던 아가씨들은 떨어진 꽃잎처럼
가뭇없이 흩어졌지만
구닥다리 시절
아날로그 공중전화로 약속을 정하고
포장마차 불빛 아래서
두 사람이 그림자 한 개를 만들었던
그때를 잊지 못하지
삶은 침침했지만 그것만으로는
죄가 되지 말자던
가리봉 그 밤을

─「1983년 가리봉」 전문

  80년대 초 가리봉 공단에서 다닥다닥 붙어살던 "공돌이 공순이들"의 이야기다. "미싱 박던 아가씨들은 떨어진 꽃잎처럼/ 가뭇없이 흩어"진 "문맹들만 모였던" 가리봉동이었다. 양달준 시인은 그 시절을 "구닥다리 시절"이라고 부르면서 "아날로그 공중전화로 약속을 정하고/ 포장마차 불빛 아래서/ 두 사람이 그림자 한 개를 만들었던", "삶은 침침했지만 그것만으로는/ 죄가 되지 말자던/ 가리봉"의 그 밤, 그때를 잊지 못한다고 한다. 이러한 노동자들의 슬픔과 사랑이 녹아 있는 가리봉동의 정비가 시급하다고 판단한 서울시는 정보기술 산업 중심지로 도약 중인 구로디지털단지역 인근 'G밸리' 배후 지역인 옛 구로공단 노동자들의 숙소였던 쪽방들이 빽빽하게 들어선 서울 구로구 가리봉동 '벌집촌'을 이제 최고 50층, 2,200가구 대단지 직주근접 아파트로 재개발한다고 발표했다.

또 있다. 아직도 우뚝 솟아있는 구로공단 굴뚝의 연기를 본 시인은 "굴뚝의 연기는/ 공돌이 공순이들의 노동이다// 뭉텅한 연기는/ 지하에서 고단한 몸들이 두 팔 벌리고 쳐다보고 싶은/ 공중의 눈발", "대설특보가 내려지면 공장의 손과 발들은/ 쉴 틈이 없"(「대설특보」)었던 시절을 떠올린다. "한 시대 누이들이 두고 간 구로공단/ 디지털 이 시대/ 콜센터 상담사들이 그 빈자리를 이어 받았"(「구로공단 굴뚝」)음을 상기하고, 이제는 콜센터 상담사들이 언어폭력에 당하고 있음에 대한 현실을 비판한다. 지금도 구로공단 굴뚝에서 풀풀 나는 연기는 곧 콜센터 종사자들이 휴식 공간에서 마음속에 쌓인 것을 뱉어내는 한(恨)을 상징한다.

한편 매일 어린 잎을 경작하는 담쟁이를 푸르른 노동이라고 보는 시인은 "내 몸에 달싹 붙어 더 높은 곳으로 올라가는/ 푸른 줄기" "푸르른 노동은 나를 밟고/ 한 단 한 단/ 꼭짓점을 만들어 나를"(「담쟁이」) 가두는 상상 속에서 담쟁이의 삶과 시인의 삶을 동일시한다. 시인의 삶, 노동은 「1980년」에서 처절하게 드러낸다. "열여덟"에 "용접을 배우던 철공쟁이"던 시절, "해 떨어지면/ 홍은동 백련사에서 범종이 울"고 그때마다 "내 뱃속에서는 또랑물 소리가 급하게" 들렸고, 동시에 "산소통을 들고 가/ 그 입을 땜질해 버리고 싶었던 생각"을 회상한다. 그러나 시인은 한편, "쇠망치질을 멈추고 가만히 듣다 보면/ 사람은 고파야 큰다는 부처의 고함 같아/ 때를 거르더라도 맘을 밥처럼 든든하게 먹으라"는 당부 같았다고 한다. 한창 배고픈 나이에 참 기막힌 깨달음의 순간이 아닐 수 없다.

    골목길 인력시장
    급하게 달려온 승합차가
    초조하게 서 있는 몇몇을 호명한다

    난민처럼 가방을 껴안고 도착한 곳은
    주식회사 신축 현장
    토막 난 각목들이 불타는 드럼통 앞에서
    언 손을 녹이던 차
    붉은 완장을 찬 아침 해가
    작업지시를 내린다

    하루 벌어 하루를 사는 인생들

벽돌을 짊어진다

벽돌은 주식과 같아 높은 곳으로 올라가야 한다

올라갈 때마다 바닥을 치는 저들을

개잡부라고 부르는 공사판

철근처럼 녹슬고 휘어진 삶이 무거운데

하루를 감독한

저문 해가

품삯으로 수수꽃 몇 송이

서녘에 두고 간다

— 「수수꽃 인생들」 전문

 앞에서 언급했듯 양달준 시인은 민중이라 불릴 수 있는 서민들의 삶과 그들에 대한 애정 어린 작품을 보여주고 있다. 위의 시 「수수꽃 인생들」은 공사판에서 개잡부라고 불리는 날품팔이 노동자 이야기다. "골목길 인력시장" 앞에 일용직 자리를 구하기 위해 "초조하게 서 있는" 노동자, "급하게 달려온 승합차"에 선택받은 "몇몇"이 "난민처럼 가방을 껴안고 도착한 곳은/ 주식회사 신축 현장". 아침 해가 뜨면 작업을 시작하는데, 이 시의 3연에서 아주 사실적으로 묘사하고 있다. "하루 벌어 하루를 사는 인생들/ 벽돌을 짊어진다/ 벽돌은 주식과 같아 높은 곳으로 올라가야 한다/ 올라갈 때마다 바닥을 치는 저들을/ 개잡부라고 부르는 공사판/ 철근처럼 녹슬고 휘어진 삶이 무거운데". 주식이 올라가듯 벽돌을 지고 높은 곳으로 올라가는 노동자는 오르는 주식과는 반대로 밑바닥 인생이기에 공사판에서 "개잡부"라고 천대받는 삶을 살아야 한다. 이들은 품삯이 "수수꽃 몇 송이"에 불과할 정도로 빈약하기에 이들을 시인은 "수수꽃 인생들"이라고 명명한다.

양달준 시인의 서민에 대한 관심은 위의 일용직 노동자뿐만 아니라 민들레가 자리한 땅을 갈아엎는 가진 자들이 민들레에게 "여기는 이제/ 옥토로 가꾸었으니// 저 멀리/ 척박한 땅으로 가"(「민들레」)라고 쫓아내는, 즉 힘이 없고, 가진 게 없어 쫓겨나는 자나, 소주병으로 상징화된 "투명했던 자존심마저 깨지는/ 이 시대의 강제퇴직자"에게도 연민의 정을 보여준다. 그뿐이 아니다. 「슬픈 악사」에서 라이브카페 악사 홍씨, 「다리미씨 세탁소」에서 바람난 여자 야밤도주하고 앞날이 꼬이더니 다리미 잡아야 할 손이 술병만 잡고 있는 폐업 직전의 골목 세탁소 다리미씨, 「재즈바 여인」에서 밤이면 밤마다 춤추는 여자, 「폭탄 세일」에서 스피커에 대고 숨넘어가는 소리로 단 하루 왕창 무너진다며 호객행위를 하는 재래시장 옷가게 주인, 노름판에서 일확천금을 노리다가 결국 외짝 구두와 같은 신세가 된 노숙자(「외짝 구두」), 일자리 보러 갈 백수씨(「백수의 이력서」), 소식도 없이 고속철도 역이 생기고 쓰러지는 낮은 지붕들의 신음을 포클레인이 퍼다버린 뚝방촌 원주민(「소하동에서」)에 이르기까지 다양한 서민들의 현실과 아픔을 한사코 외면하지 않고 그대로 고발하면서도 따뜻하게 감싸주는 시정신이 새롭다.

양달준 시인이 삶의 현장에서 내적 체험을 통한 민중들의 삶과 의식만 보여준 건 아니다. 가족과 이웃의 삶을 교감하면서 따뜻한 시선으로 존재의 의미를 추출하고 있다.

    햇불을 들고 찔기미를 잡으러 뻘밭을 쑤시고 다니셨던 아버지는
    어느 날 큰끝에 절벽으로 가 햇불을 잡고 계셨다

    복선을 타고 먼 바다에 나간 형은 그 불을 보며 수월하게 배를 몰았다
    바닷물이 빠진 저녁이면 나와 누나는 햇불 아래 뻘밭에서 찔기미를 잡았다
    바케스에 찔기미가 거품을 물며 넘치는 날은 큰끝에를 쳐다보며
    아버지 보세요 이렇게 많이 잡았어요 하면
    햇불은 알았다는 신호로 끄덕끄덕 불빛을 아래 위로 비추었다

> 횃불은 시커메지고 성한대가 없었다
> 불빛도 희미해지더니 아예 꺼져버렸다
>
> 아버지의 불빛을 보며 뱃머리를 바로 잡았던 마을 사람들은
> 더 큰 횃불을
> 바다에 떠있는 바위에다 세웠으며
> 횃불이 있던 자리에는
> 아버지의 봉분이 생겼다
>
> 봉분이 있는 자리,
> 원래는 아버지가 바다를 바라보며
> 서있던 자리다
>
> — 「등대가 있던 자리」 전문

 평소에는 횃불을 들고 찔기미를 잡던 아버지가 "어느 날 큰 끝에 절벽으로 가 횃불을 잡고" 먼바다에 나간 "형"이나 "마을 사람들"의 등대 역할을 하시다가 작고하신 후에는 마을 사람들이 아버지의 고마운 뜻을 기리기 위해 아버지의 "횃불이 있던 자리에" "아버지의 봉분"을 마련해준 감동적인 서사다. 그러니까 아버지는 등대의 상징이며, 등대가 있던 자리는 아버지가 횃불을 들고 있던 자리다. 이 아버지의 횃불은 먼바다에서 돌아오는 형과 마을 사람들의 등대

역할만 한 게 아니라 "바닷물이 빠진 저녁이면 나와 누나는" 아버지의 횃불 아래 뻘밭에서 찔기미를 잡았고, 찔기미가 양동이에 넘치는 날은 큰 끝에 계신 아버지를 쳐다보며 "아버지 보세요 이렇게 많이 잡았어요 하면" 알았다는 신호로 횃불을 아래 위로 흔들어 부자간의 소통과 교감의 역할도 했다.

아버지가 등대였다면 일찍부터 혼자였던 어머니는 "뒤뜰에서 대나무가 울던 흐린 밤중이면/ 어린 나를 옆에 두고/ 육자배기를 구슬프게도 불렀다/ 흔들며 한 대목 걸죽하게 우는/ 낭창낭창한 저 푸른 마디처럼 아슬아슬하게 한 대목 꺾다/ 막걸리에 사카린을 타 마신 날은/ 더 시퍼렇게 울기도 했"(「청상과부」)다. 이러한 어머니를 하늘로 보내드린 시인은 어머니를 향한 사무침으로 대낮에 하늘을 보는 습관이 생겼고 그때마다 "구름재 니머/ 수수밭 고랑에/ 어머니가 보인다"(「낮달」). 사무쳐야 보인다는 낮달은 곧 어머니로 치환된다. 그 어머니 무덤에 애기똥꽃 피었음을 본 시인은 평생을 들에서 일만 하셨던 어머니가 "이 다음 세상이 있다면/ 들꽃으로 태어나고 싶다는 말을/ 입에 달고"(「아가꽃 봉분」) 사셨음을 떠올리며 그리워한다. 한편, "배에 복수가 차 임산부처럼 누워 있는 누님"(「올챙이 같은 누나」)이 죽었다 살아난 이야기도 해학적이지만, 특히 아내에 관한 이야기도 해학적으로 풀어나가 읽는 재미를 더한다.

달빛에 목련이 환한 초저녁에 거울에 비친 얼굴을 보며 "좋은 시절 다 지났다며/ 푸념을"(「봄밤」) 하는 아내에게 "젊어지고 싶은가?"하고 농을 거는 장면이라든가, 「만 원짜리 푸른 잎」에서는 한파가 오기 전에 월동 준비를 해야겠다며 긁어대는 아내의 바가지 소리에 일 년에 한 번 갈까 말까 하는 농협에 가서 바닥난 예금을 탈탈 털어 배추 한 포대 들고 집으로 와 푸른 배춧잎을 만 원짜리 지폐로 환유하는 유머 감각이 오히려 가난한 현실을 더 슬프게 하는 역설로 풀어낸다. 이 슬픈 역설은 환경의 영향이다. 「아내의 자전거」 같은 경우가 특히 그렇다. 아내는 자전거를 타고 일을 나간다. 그런데 어느 날 아내가 "바퀴에 바람이 빠져 다리가 힘이 든다고/ 빵구 난 바퀴처럼 한자리에 주저앉아/ 헛바람질만 하는 나를" 본다. 그래 시인은 바람 빠진 바퀴를 끌고 자전거포에 가서 "빵빵하게 바람을 넣다 보니/ 닳고 닳은 두 바퀴가/ 우리 집 앞날을 짊어진 아내의 신발" 같다는 생각으로 "가슴 저미었"다고 실토한다.

> 감식초 군번 땡감 나무에 이파리 한 개라도 없어 질 때마다 골목대장이라는 이유로 따 먹었다는데
>
> 감나무 그늘에서 놀던 날이었던가 영감이 염치좋게 날 부르더니 들고 있던 간짓대를 툭 던지며 못 따겠다는데 아

따 하네도 못 딴 감을 나가 어츠께 딴다요 잉 그래도 따보라는데 뒤집어쓴 일이 어저께 같아서 그람는 하네는 소쿠리 들고 주서담으씨요 잉 손에 힘을 있는대로 써서 간짓대를 휘두르며 나가 언제 따묵디야 따묵디야 맷맛하냐 맷맛하냐 감나무 한테 따지자 끄트리가 뻬쭉한 땡감들이 소쿠리 들고 쳐다보고 있는 하네 볏겨진 머리로 우박에 질새라 툭툭 떨어지고 나는 싸게싸게 말해 나가 그라디야 안그라디야 감나무를 족치고 하네는 아이구메아이구메 도박같은 감새끼들이 감새끼들이 잉잉 오마오마 니는 먼소락때기를 모락스럽게 쓴다야 하네는 머리에 쌩피가 여러군데 찔금찔금해 수건을 붕대처럼 칭칭 감았다

저녁 무렵 우려서 먹으라며 아짐찮게 준 땡감 한 바가지 들고 오면서 생각했다 성할랑가 몰라
-「감나무 하네 그리고 나」 전문

이 시는 전남 고흥 사투리로 감나무 아래서 간짓대로 감을 따는 "나"와 동네 "하네" 이야기를 구수하게 엮어내고 있다. "하네"는 전남 고흥지방의 사투리이며, 화자인 "나"의 말투도 전라도 사투리이다. 화자가 "감나무 그늘에서 놀던 날", 동네 할아버지가 감이 먹고 싶으면서도 자기가 직접 따지 않고 "나"를 시킨다. 심술이 난 "나"는 하네에게 소쿠리 들고 감이 떨어지면 주워 담으라 하고, 자신은 감을 따는데,

"손에 힘을 있는 대로 써서 간짓대를" 휘두른다. 휘둘러도 그냥 얌전히 휘두르는 게 아니라 감나무에게 따지듯, 족치듯 휘둘러대니 땡감이 할아버지 "벗겨진 머리로 우박에 질 새라 툭툭 떨어지고", "하네는 머리에 쌩피가 여러 군데 찔끔찔끔해 수건을 붕대처럼 칭칭 감"는 지경에 이른다. 그러나 저녁 무렵 할아버지는 "나"에게 땡감 한 바가지를 주고, "나"는 돌같이 단단한 땡감에 맞아 상처 난 할아버지가 괜찮을지 걱정하는, 시인 특유의 해학적인 묘사력이 읽는 재미를 돋군다.

이와 같은 해학적 표현은 「바람 부는 날에 배를 타러 간다」에서도 나타난다. 뱃사람들은 바람이 센 날엔 바다에 나갈 수 없다. 그래서 바람 부는 날 배를 타러 가지 못한 어부들이 "방파제 같은 꽃마담 선술집"으로 향하지만, 그곳에도 바람이 분다. 그곳의 바람은 "치맛바람". "눈을 흘긴 마담의 알랑방구에 맛이" 간 뱃사람들의 대화가 실감 나게 묘사되어 읽는 맛이 찰지다. "바람 부는 날에 배를 타러 간다"는 역설적인 제목 속에 뱃사람들의 삶이 녹아들어 있어, 시인의 언어 다루는 능력이 대단함을 느낀다. 특히 마지막 부분, "항구는 풍랑으로 과부 치마끈처럼 단단히 묶였는데/ 누가 초저녁부터 배로 올라탄다/ 앗, 갈매기다"의 역설적 표현법의 구사는 남다르다.

양달준 시인의 또 다른 바다 이야기를 살펴보자.

전남 고흥군에는 소록도와 녹동항이 있다. 소록도는 한센인들의 한이 서린 애환의 섬이며, 소록도와 녹동항 사이에 바다가 끼어 있다. 원래 바다의 상징성은 "푸른 희망"이지만, 이 바다는 "죄 없는 소록도 사람들에게는 철조망"이기에 "시인 한하운 어른은 바다를 바라보며/ 얼마나 절망했을까"(「소록도와 녹동항 사이」) 상상하는 시인은 마침 이 바다를 지나가는 통통선 한 척을 보고 바다를 부수고 간다고, 한이 맺히고 절망했던 사람의 심정을 대변하고 있다. 그런가 하면 「바닷가 봉분 또는 폐선」에서 고향 어촌의 바닷가에 버려진 폐선, 이 폐선을 산으로 수습하여 안치시켜 놓은 폐선의 봉분을 평생을 바다와 싸우며 일했던 노인들에 비유하고 있는가 하면, 「고래가 보고 싶다」에서는 시인이 객지살이 십수 년 이리저리 끌려다니느라 잊었던 유년 시절 바다의 '숨은 여'라는 바위가 보고 싶다고 고백하기도 한다. 왜냐하면 이 '숨은 여'가 모습을 드러내면 다도해 해안에서 하루에 한 번씩 나타나는 한 마리 고래와 같은 환상 속에서 유년 시절이 행복했기 때문이다.

  샤롯데 모텔로 배달을 갔다
  명절 선물 사과 상자를 두고 돌아서던 차에
  누가 독약 한 사발을 마시고 있는지
  자지러지는 소리가 들렸다

베르테르 연인 롯데 같은 여자가
저러겠지 짐작하며
자가용 번호판이 죄다 덮개로 가려져 있는
주차장을 빠져나와 생각했다
젊은 베르테르 슬픔은, 사랑인가
아니면 고전시대 불륜인가

어쨌건 간에
대낮에 작업 소리 요란한 모텔 샤롯데
첫 페이지만 읽다 덮어버려
끝장이 근질근질했는데

괴테 어른 없이도 명작 한 권을 찍어대던
모텔 출판사
기승전결 확실한 수작이었을 거나
　　　　　　　　　　　　－「모텔 샤롯데」

　양달준 시인은 전반부에서 살펴보았던 사랑해야 할 사람, 즉 민중이라 부르는 힘 없고 빽 없는 사람들의 삶이 있는가 하면, 이와는 대비되는 삶의 양상도 있음을 놓치지 않고 있다. 그 양상 중 하나가 괴테의 명작 『젊은 베르테르의 슬픔』에 등장하는 인물의 이름을 빌려온 모텔 샤롯데에 "명절 선물 사과 상자를"

배달 갔다가 돌아서던 차에 객실에서 들리는 "대낮에 작업 소리 요란한", "자지러지는 소리"에 "베르테르 연인 롯데 같은 여자가 저러겠지 짐작"하면서, 그리고 "자가용 번호판이 죄다 덮개로 가려져 있는/ 주차장을 빠져" 나오면서, "젊은 베르테르의 슬픔은, 사랑인가/ 아니면 고전시대 불륜인가" 생각한다.

또한 모텔 샤롯데의 대낮부터 들리는 불륜의 소리뿐만 아니라 낚시터 잉어 한 마리가 공중으로 뛰어올라 밖으로 나갔지만 결국 그물망에 잡혀 다시 낚시터에 갇히듯 "콜라텍이었는지 숨겨둔 남자 편이었는지/ 바깥으로 튀었다 다시 들어간 이웃집 여자는/ 저 물고기 같은 처지/ 그 여진이 상당한지/ 이웃들은 엘리베이터에서 마주치지 못했다는"(「벚꽃 오후」) 여인의 이야기는 모두 오늘날 삶의 양상이 얼마나 다양한가를 암시한다. 시인이 생각하는 삶의 모습은 결국 "사막은 고단하지만 다녀오는 길은 아름답"(「집으로 가는 길」)다는 데 있다. 여기서 "사막"은 곧 삶의 현장이며, 삶이 부대끼는 세상을 상징한다. 삶이 고단하지만, 아름답다는 시적 인식이 매우 긍정적이라는 점에서, 이번 시집을 통해 우리는 양달준 시인을 한국 시단에서 새롭게 평가하지 않으면 안 된다.